술술 배우는 초등필수 사자소학

하유정 감수
초등국어연구소 지음
유회수 그림

카시오페아
Cassiopeia

놀이하듯 즐겁고 재미있게 익히는
초등 필수 사자소학

"이번 창체 시간에는 사자소학에 대해 배울 거예요."

"선생님, '사자'랑 '소'랑 '학'에 대해 배우나요?"

'사자소학'을 우리 반 아이들에게 처음 소개하던 날, 아이들의 질문에 그만 박장대소를 했어요. 사자와 소와 학이라니요! 우습기도 하지만 기발한 발상이지요?

'사자소학'에서 '사자(四字)'는 "어흥~" 하는 사자가 아니라 네 글자를 뜻해요. '소학(小學)'은 중국 송나라의 유학자가 유교 덕목을 엮은 책이고요. 그렇게 '사자소학'은 소학의 내용을 네 글자씩 묶어 익힐 수 있도록 만든 책입니다. 네 글자씩 운율감 있게 소리 내어 읽으면 어린이들도 쉽게 익힐 수 있겠죠? 그래서 옛날 어린이들은 천자문과 함께 서당에서 맨 처음 사자소학을 배웠어요.

사자소학은 낯선 한자가 4개씩 연결된 구절이라 처음 접하는 친구들은 무척 어렵게 느낄 수 있어요. 그런데 놀라운 사실은 우리말의 약 70%가 한자로 되어 있다는 거예요! 특히 교과서에서 배우는 중요한 어휘는 대부분 한자어로 되어 있어요. 그렇기 때문에 한자의 의미를 이해하지 못하면 공부에 어려움을 겪을 수도 있어요. 우리말과 한자는 밀접하게 연결되어 있기에 한자를 아는 것은 국어 실력을 키우는 데 큰 도움이 된답니다.

그렇다면 그 많은 한자를 어떻게 공부하면 좋을까요? 걱정하지 마세요. 『놀면서 배우는 초등 필수 사자소학』을 통해 한자를 배우고 익힐 수 있어요. 한자는 쓰지 못해도 읽을 수 있으면 충분해요. 매일 사자소학을 익히다 보면 어느새 부쩍 한자 실력이 늘어난 자신을 발견할 수 있을 거예요.

사자소학은 한자 실력만 길러 주는 게 아니에요. 사자소학의 모든 구절에는 조상들의 세심한 가르침이 담겨 있어요. 세상에서 나를 가장 사랑하는 부모님, 으르렁대며 싸우다가도 둘도 없이 서로를 아끼는 형제자매, 언제나 유쾌한 친구, 존경하는 선생님 등 우리가 항상 함께하는 사람들과 어떻게 지내야 하는지, 우리가 살아가는 데 꼭 필요한 규범은 물론이고, 사람으로서 지켜야 하는 귀한 가치를 알려 줘요. 『놀면서 배우는 초등 필수 사자소학』은 어렵고 낯선 사자소학을 귀여운 친구들이 만화에 등장해 일상 속 에피소드로 보여 주기에 쉽고 재미있게 그 뜻과 쓰임을 유추할 수 있답니다.

혹시 무엇이든 물어보면 척척 답을 해 주는 AI 로봇과 함께 살아가는 시대에 고리타분하게 왜 사자소학을 알아야 하는지 의문이 드나요? 어떤 사람들은 사자소학의 일부 내용이 요즘 현실과는 맞지 않다고 이야기를 하기도 해요. 하지만 『놀면서 배우는 초등 필수 사자소학』은 시대가 변해도 변하지 않는 가치와 오늘날에도 꼭 지켜야 하는 바른 마음과 생활 습관의 내용을 담고 있어요. 그리고 우리 친구들에게 꼭 필요한 덕목을 5개의 주제로 나누어 공부할 수 있도록 했답니다. 바로 부모님에 대한 효도, 형제자매의 우애, 친구와의 우정, 스승과 어른에 대한 공경, 자신에 대한 마음가짐이에요. 효도, 우애, 우정, 공경과 같은 가치는 너무나도 당연한데 꼭 배워야 하나

고요? 사실 정말 사소하고 당연한 것이 가장 소홀해지기 쉬워요. 그동안 잘 알고 있었지만, 행동으로 실천하지 못한 것은 무엇인지『놀면서 배우는 초등 필수 사자소학』을 통해 나를 돌이켜 보는 시간을 가져 본다면 바르고 건강한 마음을 가지는 데 큰 도움이 될 거예요.

또한, 매일 사자소학에 관한 문제를 풀며 배운 내용을 복습해 보세요. 사자소학의 뜻을 완성하는 표현력 문제, 비슷한 속담 및 사자성어 찾기의 어휘력 문제, 질문에 답하는 독해력 문제를 풀다 보면 문해력을 향상시킬 수 있답니다.

그럼, 오늘부터 사람들과 조화롭게 살아가기 위해서 마땅히 지켜야 할 기본 도리와 나 자신을 다스리는 방법까지 가르쳐 줄, 귀여운 친구들이 들려주는 사자소학 이야기 속으로 들어가 볼까요?

– 하유정(초등 교사, 유튜브 '어디든학교' 운영)

시작하기 전에 이것만은 꼭!

✓ 가급적 아이와 '함께' 이 책을 활용해 주세요. 그러면 아이는 주 양육자와의 공부 시간을 즐거운 추억으로 기억할 수 있게 됩니다.

✓ 시간에 쫓기지 마세요. 다만, 공부 시간을 규칙적으로 확보해 주세요. 시간에 쫓기며 하는 것보다는 여유로운 마음으로 해야 공부도 더 잘됩니다.

✓ 빨리할 때 칭찬하지 말고 열심히 할 때 칭찬해 주세요. 아이가 '빨리'보다는 '열심히'에 강화될 수 있게 해 주세요. 공부의 기초를 다지는 초등 시기에는 신속성보다 정확성이 더 요구됩니다.

✓ 한 번에 많이 하는 것보다는 꾸준히 오래 하는 것이 훨씬 중요합니다. 조금씩 하되, 꾸준히 오래 하여 끝맺는 습관은 아이의 공부 습관의 토대가 되어 줍니다.

차례

 1주

부모 편 부모님의 사랑과 효도

 2주

부모 편 **부모님의 사랑과 효도**

 3주

형제 편 **형제자매 간의 우애**

함께 사자소학을 공부할 친구들

뭉식 유자 라미 보리 콩 몽 레오

이 책의 활용법

『놀면서 배우는 초등 필수 사자소학』은 이런 책이에요.

어린이들이 반드시 알아야 할 필수 사자소학을 한 권에 모았습니다. 하루에 10분씩, 일주일에 5일, 10주간 50구절의 사자소학을 공부하며 국어 공부의 기본인 표현력, 어휘력, 독해력, 문해력을 기를 수 있습니다.

처음부터 끝까지 흥미를 잃지 않고 재미있게 사자소학을 배울 수 있는 6단계 학습법!

1단계
교과서와 연계된 사자소학을 눈으로 익힙니다.

2단계
이 사자소학은 언제 어떻게 쓰일까요? 사전적 의미를 알아봅니다.

3단계
유쾌 발랄! 뭉식이와 친구들이 등장하는 재미있는 만화를 보면서 사자소학이 일상에서 어떻게 쓰이는지 알아봅니다.

4단계
사자소학의 뜻을 완성하는 표현력 문제, 비슷한 속담 및 사자성어 찾기의 어휘력 문제, 질문에 답하는 독해력 문제로 문해력을 향상시킬 수 있습니다.

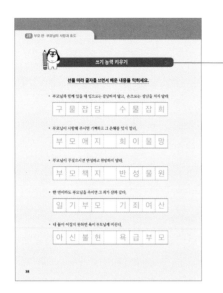

5단계
일주일 동안 배운 사자소학을 직접 따라 쓰면서 완벽히 내 것으로 만듭니다.

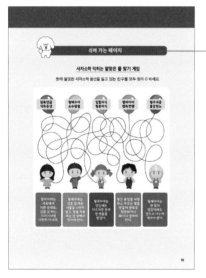

6단계
뜻 찾기, 가로세로 낱말 퍼즐, 알맞은 줄 찾기 등 재미있는 놀이를 통해 배운 내용을 한 번 더 복습합니다.

보너스 부록
QR 코드를 스캔해 이 책의 답안지를 다운로드 받으세요.

최고 멋쟁이 _____ (이)의
한 권 끝 계획표

- 총 50일, 이 책을 공부하는 동안 아이가 사용하는 한 권 끝 계획표입니다. 하루 10분, 날마다 적당한 분량을 공부할 수 있도록 2쪽으로 구성했습니다.

- 한 권 끝 계획표를 사용하기 전, 가장 먼저 상단 제목 빈칸에 아이가 직접 자신의 이름을 쓰도록 지도해 주세요. 책임감을 기르고 자기 주도 학습의 출발점이 됩니다.

- 아이가 한 권 끝 계획표를 야무지게 활용할 수 있도록 다음과 같이 지도해 주세요.
  ❶ 공부를 시작하기 전, 한 권 끝 계획표에 공부 날짜와 쪽수를 씁니다.
  ❷ 공부 날짜를 쓴 다음, 공부 내용과 쪽수를 스스로 확인합니다.
  ❸ 책장을 넘겨서 신나고 즐겁게 그날의 내용을 공부합니다.
  ❹ 공부를 마친 후, 다시 한 권 끝 계획표를 펼쳐 공부 확인에 표시합니다.

- 한 권 끝 계획표의 공부 확인에는 공부를 잘 마친 아이가 느낄 수 있는 감정을 그림으로 담았습니다. 그날의 공부를 마친 아이가 ⭐ (신남), 🖤 (설렘), 😊 (기쁨)을 살펴보고 표시하면서 성취감을 느낄 수 있도록 많이 격려하고 칭찬해 주세요.

부모 편 **부모님의 사랑과 효도**

1주	공부 날짜		공부 내용	쪽수	공부 확인
월요일	월	일	부생아신 모국오신 父生我身 母鞠吾身	쪽	⭐ ❤️ 😊
화요일	월	일	위인자자 갈불위효 爲人子者 曷不爲孝	쪽	⭐ ❤️ 😊
수요일	월	일	부모호아 유이추진 父母呼我 唯而趨進	쪽	⭐ ❤️ 😊
목요일	월	일	부모출입 매필기립 父母出入 每必起立	쪽	⭐ ❤️ 😊
금요일	월	일	출필고지 반필면지 出必告之 反必面之	쪽	⭐ ❤️ 😊

부모 편 **부모님의 사랑과 효도**

2주	공부 날짜		공부 내용	쪽수	공부 확인
월요일	월	일	구물잡담 수물잡희 口勿雜談 手勿雜戲	쪽	⭐ ❤️ 😊
화요일	월	일	부모애지 희이물망 父母愛之 喜而勿忘	쪽	⭐ ❤️ 😊
수요일	월	일	부모책지 반성물원 父母責之 反省勿怨	쪽	⭐ ❤️ 😊
목요일	월	일	일기부모 기죄여산 一欺父母 其罪如山	쪽	⭐ ❤️ 😊
금요일	월	일	아신불현 욕급부모 我身不賢 辱及父母	쪽	⭐ ❤️ 😊

형제 편 **형제자매 간의 우애**

3주	공부 날짜		공부 내용	쪽수	공부 확인
월요일	월	일	형우제공 불감원노 兄友弟恭 不敢怨怒	쪽	⭐ ❤️ 😊
화요일	월	일	형체수이 소수일혈 形體雖異 素受一血	쪽	⭐ ❤️ 😊
수요일	월	일	형제이이 행즉안행 兄弟怡怡 行則雁行	쪽	⭐ ❤️ 😊
목요일	월	일	침즉연금 식즉동상 寢則連衾 食則同牀	쪽	⭐ ❤️ 😊
금요일	월	일	일립지식 필분이식 一粒之食 必分而食	쪽	⭐ ❤️ 😊

형제 편 **형제자매 간의 우애**

4주	공부 날짜		공부 내용	쪽수	공부 확인
월요일	월	일	형수책아 막감항노 兄雖責我 莫敢抗怒	쪽	⭐ ❤️ 😊
화요일	월	일	제수유과 수물성책 弟雖有過 須勿聲責	쪽	⭐ ❤️ 😊
수요일	월	일	형제유선 필예우외 兄弟有善 必譽于外	쪽	⭐ ❤️ 😊
목요일	월	일	형제유난 민이사구 兄弟有難 悶而思救	쪽	⭐ ❤️ 😊
금요일	월	일	형제화목 부모희지 兄弟和睦 父母喜之	쪽	⭐ ❤️ 😊

친구 편 친구 간의 우정

5주	공부 날짜		공부 내용	쪽수	공부 확인		
월요일	월	일	인지재세 불가무우 人之在世 不可無友	쪽	⭐	♥	🙂
화요일	월	일	이문회우 이우보인 以文會友 以友輔仁	쪽	⭐	♥	🙂
수요일	월	일	우기정인 아역자정 友其正人 我亦自正	쪽	⭐	♥	🙂
목요일	월	일	종유사인 아역자사 從遊邪人 我亦自邪	쪽	⭐	♥	🙂
금요일	월	일	근묵자흑 근주자적 近墨者黑 近朱者赤	쪽	⭐	♥	🙂

친구 편 친구 간의 우정

6주	공부 날짜		공부 내용	쪽수	공부 확인		
월요일	월	일	택이교지 유소보익 擇而交之 有所補益	쪽	⭐	♥	🙂
화요일	월	일	붕우유과 충고선도 朋友有過 忠告善導	쪽	⭐	♥	🙂
수요일	월	일	인무책우 이함불의 人無責友 易陷不義	쪽	⭐	♥	🙂
목요일	월	일	언이불신 비직지우 言而不信 非直之友	쪽	⭐	♥	🙂
금요일	월	일	견선종지 지과필개 見善從之 知過必改	쪽	⭐	♥	🙂

스승과 어른 편 스승과 어른에 대한 공경

7주	공부 날짜		공부 내용	쪽수	공부 확인		
월요일	월	일	사사여친 필공필경 事師如親 必恭必敬	쪽	⭐	♥	🙂
화요일	월	일	선생시교 제자시칙 先生施教 弟子是則	쪽	⭐	♥	🙂
수요일	월	일	근면공부 부모열지 勤勉工夫 父母悅之	쪽	⭐	♥	🙂
목요일	월	일	능지능행 총시사공 能知能行 總是師功	쪽	⭐	♥	🙂
금요일	월	일	비이자지 유사교지 非爾自知 惟師教之	쪽	⭐	♥	🙂

스승과 어른 편 **스승과 어른에 대한 공경**

8주	공부 날짜		공부 내용	쪽수	공부 확인		
월요일	월	일	장자자유 유자경장 長者慈幼 幼者敬長	쪽	⭐	❤️	😊
화요일	월	일	장자지전 진퇴필공 長者之前 進退必恭	쪽	⭐	❤️	😊
수요일	월	일	연장이배 부이사지 年長以倍 父以事之	쪽	⭐	❤️	😊
목요일	월	일	아경인친 인경아친 我敬人親 人敬我親	쪽	⭐	❤️	😊
금요일	월	일	빈객래방 접대필성 賓客來訪 接待必誠	쪽	⭐	❤️	😊

자신 편 **올바른 마음가짐과 다스림**

9주	공부 날짜		공부 내용	쪽수	공부 확인		
월요일	월	일	행필정직 언즉신실 行必正直 言則信實	쪽	⭐	❤️	😊
화요일	월	일	용모단정 의관정제 容貌端正 衣冠整齊	쪽	⭐	❤️	😊
수요일	월	일	작사모시 출언고행 作事謀始 出言顧行	쪽	⭐	❤️	😊
목요일	월	일	음식신절 언어공손 飮食愼節 言語恭遜	쪽	⭐	❤️	😊
금요일	월	일	수신제가 치국지본 修身齊家 治國之本	쪽	⭐	❤️	😊

자신 편 **올바른 마음가짐과 다스림**

10주	공부 날짜		공부 내용	쪽수	공부 확인		
월요일	월	일	독서근검 기가지본 讀書勤儉 起家之本	쪽	⭐	❤️	😊
화요일	월	일	막담타단 미시기장 莫談他短 靡恃己長	쪽	⭐	❤️	😊
수요일	월	일	기소불욕 물시어인 己所不欲 勿施於人	쪽	⭐	❤️	😊
목요일	월	일	적선지가 필유여경 積善之家 必有餘慶	쪽	⭐	❤️	😊
금요일	월	일	의사필문 분사필난 疑思必問 忿思必難	쪽	⭐	❤️	😊

월요일 부생아신 모국오신 父生我身 母鞠吾身

| 한자의 음과 뜻 | 아버지 **부** | 날 **생** | 나 **아** | 몸 **신** |
| | 어머니 **모** | 기를 **국** | 나 **오** | 몸 **신** |

아버지는 내 몸을 낳게 하시고, 어머니는 내 몸을 기르셨다는 뜻이에요. 부모님이 계셨기에 내가 태어날 수 있었고, 부모님이 도와주셨기에 지금까지 건강하게 자랄 수 있었어요. 부모님께 항상 감사하도록 해요!

나는 어떻게 태어난 걸까?

그게 무슨 말이야?

성적표를 숨겼다가 아빠한테 들켰는데 아빠가 충격적인 얘기를 하시는 거야.

무슨 얘기?

어휴, 너는 다리 밑에서 주워 와서 그런지 왜 이렇게 속을 썩이니.

네에에? 다리 밑이요?

성적표

하하하, 유자야. 다리 밑에서 주워 왔다는 말은 아빠가 속상해서 하신 말씀이지. 부생아신 모국오신이잖아.

응?

 표현력 **알맞은 말에 각각 O 하세요.**

'부생아신 모국오신'은 아버지는 내 몸을 (깨끗하게 / 낳게) 하시고, 어머니는

내 몸을 (기르셨다 / 씻으셨다)는 뜻이에요.

화요일

위인자자 갈불위효 爲人子者 曷不爲孝

> **한자의 음과 뜻**　할 **위** | 사람 **인** | 아들 **자** | 사람 **자**
> 어찌 **갈** | 아닐 **불** | 할 **위** | 효도 **효**
>
> 사람의 자식으로 어찌 효도하지 않을 수 있느냐는 뜻이에요. 나에게 늘 끝없는 사랑을 주시는 부모님에게 나도 사랑을 드려야 하는 건 당연한 일이겠죠? 그게 바로 효도예요. 매일 조금씩 부모님께 효도하기로 해요.

잘 먹겠습니다!

몽아, 소시지 하나만 줘~.

가져간다~.

야, 왜 허락도 받지 않고 가져가?

내가 하나만 달라고 말했잖아.

우당탕탕

어휴, 또 싸우니? 너희가 싸우지 않는 게 제일 큰 효도야.

어휴

죄송해요, 엄마. 그런데 콩이가 먼저….

야, 내가 먼저가 아니지. 네가 먼저 그랬잖아!

 어휘력 **닮은 꼴 사자성어에 O, 닮지 않은 사자성어에 X 하세요.**

(1) 배은망덕(背恩忘德) 은혜를 잊고 배신하는 태도 （　　）

(2) 반포지효(反哺之孝) 어버이의 은혜에 대한 자식의 지극한 효도 （　　）

수요일 부모호아 유이추진 父母呼我 唯而趨進

한자의 음과 뜻　아버지 **부** | 어머니 **모** | 부를 **호** | 나 **아**
오직 **유** | 말이을 **이** | 달려갈 **추** | 나아갈 **진**

부모님이 나를 부르시면 대답하고 빨리 달려가야 한다는 뜻이에요. 간혹 부모님이 부르실 때 대답하지 않는 친구들이 있다고 해요. 부모님이 부르실 때는 대답을 먼저 하고, 부모님께 가는 게 예의라는 걸 기억하도록 해요!

 오늘 배운 사자소학처럼 행동하는 친구를 찾으세요.

① 아빠가 불러도 숙제하며 못 들은 척하는 상준

② 아빠가 저녁 먹으라고 부르니 크게 대답하고 식탁으로 가는 하진

③ 아빠가 같이 청소하자고 하는데 5분만 기다려 달라고 말하는 시우

부모출입 매필기립 父母出入 每必起立

한자의 음과 뜻　아버지 **부** | 어머니 **모** | 날 **출** | 들 **입**
매양 **매** | 반드시 **필** | 일어날 **기** | 설 **립**

부모님이 나가고 들어오실 때, 반드시 일어서서 인사하라는 뜻이에요. 부모님이 집 밖으로 나가실 때는 "안녕히 다녀오세요.", 집 안으로 들어오실 때는 "안녕히 다녀오셨어요?"라고 인사하도록 해요.

 표현력 **알맞은 말에 각각 O 하세요.**

'부모출입 매필기립'은 부모님이 나가고 (들어오실 / 안 들어오실) 때, 반드시

(앉아서 / 일어서서) 인사하라는 뜻이에요.

금요일 출필고지 반필면지 出必告之 反必面之

한자의 음과 뜻

날 **출** | 반드시 **필** | 알릴 **고** | 어조사 **지**
되돌릴 **반** | 반드시 **필** | 얼굴 **면** | 어조사 **지**

밖에 나갈 때는 반드시 부모님께 말씀드리고, 돌아와서도 반드시 부모님 얼굴을 뵈어야 한다는 뜻이에요. 외출할 때는 "다녀오겠습니다."라고 말씀드리고, 집에 와서는 "다녀왔습니다."라고 부모님께 인사하도록 해요.

 독해력 오늘 배운 사자소학처럼 행동하는 친구를 찾으세요.

① 외출하거나 집에 들어올 때 부모님께 인사를 하지 않는 해수

② 외출하거나 집에 들어올 때 부모님께 인사를 잘하는 혜정

③ 외출할 때만 부모님께 인사를 하고 집에 들어올 때는 인사를 따로 하지 않는 주희

쓰기 능력 키우기

선을 따라 글자를 쓰면서 배운 내용을 익히세요.

- 아버지는 내 몸을 낳게 하시고, 어머니는 내 몸을 기르셨다.

부	생	아	신		모	국	오	신

- 사람의 자식으로 어찌 효도하지 않을 수 있느냐.

위	인	자	자		갈	불	위	효

- 부모님이 나를 부르시거든 대답하고 빨리 달려가야 한다.

부	모	호	아		유	이	추	진

- 부모님이 나가고 들어오실 때는 반드시 일어서서 인사를 해라.

부	모	출	입		매	필	기	립

- 밖에 나갈 때는 반드시 부모님께 말씀드리고, 돌아와서도 반드시 부모님 얼굴을 뵈어야 한다.

출	필	고	지		반	필	면	지

쉬어 가는 페이지

사자소학 뜻 찾기

왼쪽 사자소학의 알맞은 뜻을 찾아 줄로 연결하세요.

출필고지 반필면지	아버지는 내 몸을 낳게 하시고, 어머니는 내 몸을 기르셨다.
부모호아 유이추진	밖에 나갈 때는 반드시 부모님께 말씀드리고, 돌아와서도 반드시 부모님 얼굴을 뵈어야 한다.
부모출입 매필기립	부모님이 나를 부르시거든 대답하고 빨리 달려가야 한다.
위인자자 갈불위효	사람의 자식으로 어찌 효도하지 않을 수 있느냐.
부생아신 모국오신	부모님이 나가고 들어오실 때는 반드시 일어서서 인사를 해라.

구물잡담 수물잡희 口勿雜談 手勿雜戲

한자의 음과 뜻
입 **구** | 말 **물** | 섞일 **잡** | 말씀 **담**
손 **수** | 말 **물** | 섞일 **잡** | 놀이 **희**

부모님과 함께 있을 때 입으로는 잡담하지 말고, 손으로는 장난을 치지 말라는 뜻이에요. 입으로 쓸데없는 말을 하거나 심심풀이로 장난을 치는 건 좋은 행동이 아니에요. 부모님께서 속상하지 않도록 좋지 않은 행동은 하지 말도록 해요.

표현력 **알맞은 말에 각각 O 하세요.**

'구물잡담 수물잡희'는 부모님과 함께 있을 때 입으로는 잡담 (하고 / 하지 말고),

손으로는 장난을 (치라는 / 치지 말라는) 뜻이에요.

부모애지 희이물망 父母愛之 喜而勿忘

한자의 음과 뜻 아버지 **부** | 어머니 **모** | 사랑 **애** | 어조사 **지**
기쁠 **희** | 말이을 **이** | 말 **물** | 잊을 **망**

부모님이 사랑해 주시면 기뻐하고 그 은혜를 잊지 말라는 뜻이에요. 부모님은 언제나 나를 사랑해 주시는데 그 사랑을 받기만 하면 될까요? 부모님이 주시는 사랑에 감사하고, 나도 부모님께 사랑을 드리도록 해요.

큰일 났어!

왜?

나 수학 단원 평가가 40점이야. 이제 부모님은 나를 싫어하실 거야.

시험 성적으로 부모님이 너를 싫어하신다고?

응…. 지난번에는 30점을 받았는데 부모님이 더 열심히 하라고 격려해 주셨거든. 그런데 10점밖에 오르지 못했잖아….

정말 그러실까?

뭉식이네 집

죄송해요….

뭉식아, 지난번보다 10점이나 올랐네! 우리 뭉식이 잘했네.

네에?

 어휘력 **닮은 꼴 사자성어에 O, 닮지 않은 사자성어에 X 하세요.**

(1) 앙사부모(仰事父母) 어버이를 우러러 섬김 (　　)

(2) 불측불효(不測不孝) 미루어 헤아릴 수 없을 정도로 자식 된 도리를 너무 못함 (　　)

수요일 # 부모책지 반성물원 *父母責之 反省勿怨*

> **한자의 음과 뜻**　아버지 **부** | 어머니 **모** | 꾸짖을 **책** | 어조사 **지**
> 돌이킬 **반** | 살필 **성** | 말 **물** | 원망할 **원**
>
> 부모님이 꾸짖으시면 반성하고 원망하지 말라는 뜻이에요. 부모님이 나를 혼내는 건 미워서 그러시는 걸까요? 부모님은 나를 사랑하고, 세상에 좋은 사람이 되기를 바라기에 항상 옳은 길로 이끌어 주시는 거랍니다.

부모책지 반성물원, 우리 부모님이 꾸짖으셔도
원망하지 말자!

어휘력 닮은 꼴 속담에 O, 닮지 않은 속담에 X 하세요.

(1) 약방에 감초 (　　)

(2) 입에 쓴 약이 병을 고친다 (　　)

도움
(1) 한약에는 '감초'라는 약의 재료가 들어가는 경우가 많기에 어떤 일에나 빠짐없이 끼는 사람이나 물건을 이르는 말이에요.

(2) 충고를 잘 받아들이면 내 잘못을 바로잡아 주거나 내게 많은 도움을 준다는 뜻이에요.

일기부모 기죄여산 一欺父母 其罪如山

한자의 음과 뜻 한 **일** | 속일 **기** | 아버지 **부** | 어머니 **모**
그 **기** | 허물 **죄** | 같을 **여** | 뫼 **산**

한 번이라도 부모님을 속이면 그 죄가 산과 같다는 뜻이에요. 거짓말을 하는 건 엄청나게 큰 잘못이에요. 게다가 부모님께 하는 거짓말은 부모님을 속상하게 해요. 잘못이 있다면 부모님께 정직하게 말하고 용서를 구하도록 해요.

유자야, 내 비밀 하나 말해 줄까?

뭔데?

나 어제 학원 빼먹었는데, 부모님께 들키지 않았다~.

으… 응. 그게 비밀이었구나.

다음 날

레오야, 무슨 일 있어?

쿠엥~

자면서 꿈을 꾸었는데 너무 힘든 꿈이었어.

무슨 꿈이었는데?

꿈에서 갑자기 산이 날아와 내 등에 툭 떨어진 거야. 꿈인데도 얼마나 무겁던지….

 독해력 오늘 배운 사자소학처럼 행동하는 친구를 찾으세요.

① 부모님에게 단 한 번도 거짓말을 한 적이 없는 지은

② 숙제했다고 부모님께 단 한 번 거짓말을 한 재환

③ 배가 아프다고 담임 선생님께 거짓말을 수시로 하는 인성

금요일

아신불현 욕급부모 我身不賢 辱及父母

한자의 음과 뜻 나 **아** | 몸 **신** | 아닐 **불** | 어질 **현**
욕될 **욕** | 미칠 **급** | 아버지 **부** | 어머니 **모**

 내 몸이 어질지 못하면 욕이 부모님께 미친다는 뜻이에요. '어질다'는 마음이 착하고 슬기롭다는 말로, 나와 부모님은 한 가족이기 때문에 내가 어질지 못하면 부모님도 함께 욕을 먹게 돼요. 부모님을 위해서라도 말과 행동을 바르게 하도록 해요.

'아신불현 욕급부모'는 내 몸이 (독하지 / 어질지) 못하면 욕이 (형제자매 / 부모님)께 미친다는 뜻이에요.

쓰기 능력 키우기

선을 따라 글자를 쓰면서 배운 내용을 익히세요.

- 부모님과 함께 있을 때 입으로는 잡담하지 말고, 손으로는 장난을 치지 말라.

구	물	잡	담		수	물	잡	희

- 부모님이 사랑해 주시면 기뻐하고 그 은혜를 잊지 말라.

부	모	애	지		희	이	물	망

- 부모님이 꾸짖으시면 반성하고 원망하지 말라.

부	모	책	지		반	성	물	원

- 한 번이라도 부모님을 속이면 그 죄가 산과 같다.

일	기	부	모		기	죄	여	산

- 내 몸이 어질지 못하면 욕이 부모님께 미친다.

아	신	불	현		욕	급	부	모

사자소학 익히는 가로세로 낱말 퍼즐

		④	②			
			③ ③			
①						

가로 열쇠

① 내 몸이 어질지 못하면 욕이 부모님께 미친다.

아신불현 ○○○○

② 부모님과 함께 있을 때 입으로는 잡담하지 말고,

손으로는 장난을 치지 말라.

○○○○ 수물잡희

③ 부모님이 사랑해 주시면 기뻐하고 그 은혜를 잊지 말라.

○○○○ 희이물망

세로 열쇠

③ 부모님이 꾸짖으시면 반성하고 원망하지 말라.

○○○○ 반성물원

④ 한 번이라도 부모님을 속이면 그 죄가 산과 같다.

○○○○ 기죄여산

월요일

형우제공 불감원노 兄友弟恭 不敢怨怒

 한자의 음과 뜻 형 **형** | 우애할 **우** | 아우 **제** | 받들 **공**
아닐 **불** | 함부로 **감** | 원망할 **원** | 화낼 **노**

 형은 동생을 사랑하고 아우는 형을 받들며 함부로 원망하거나 화내지 말아야 한다는 뜻이에요. 형제자매는 서로에게 둘도 없는 소중한 사람이에요. 물론 서로에게 서운하거나 화가 날 수도 있으나 무작정 화를 내기보다는 차분하게 다시 생각하며 서로를 위하도록 해요.

 독해력 **오늘 배운 사자소학처럼 행동하는 친구를 찾으세요.**

① 자신의 책을 잃어버렸다고 동생에게 화를 내는 민율

② 자장면을 뺏어 먹은 형을 원망하는 준수

③ 서로의 잘못을 용서해 주는 호준이와 호식이 형제

화요일 # 형체수이 소수일혈 形體雖異 素受一血

 한자의 음과 뜻 모양 **형** | 몸 **체** | 비록 **수** | 다를 **이**
본디 **소** | 받을 **수** | 한 **일** | 피 **혈**

 형제자매는 생김새는 다르지만 본래 한 핏줄을 받았다는 뜻이에요. 쌍둥이가 아니라면 형제자매는 모두 다르게 생겼죠? 모습이 다르더라도 뿌리인 부모님은 같아요. 형제자매는 같은 부모님에게서 태어난 가까운 사이니 사이좋게 지내야 해요.

 어휘력 닮은 꼴 사자성어에 O, 닮지 않은 사자성어에 X 하세요.

(1) 수족지애(手足之愛) 서로의 손과 발이나 다름없는 형제간의 우애 (　　)

(2) 여단수족(如斷手足) 손발이 잘린 것처럼 필요한 사람이나 물건이 없어져 몹시

　　아쉬움 (　　)

형제이이 행즉안행 兄弟怡怡 行則雁行

수요일

한자의 음과 뜻 형 **형** | 아우 **제** | 기쁠 **이** | 기쁠 **이**
다닐 **행** | 곧 **즉** | 기러기 **안** | 다닐 **행**

형제자매는 서로에게 기쁜 존재로, 길을 갈 때는 기러기처럼 나란히 다니라는 뜻이에요. 기러기는 V자 모양으로 날아요. V자 모양을 만드는 이유는 힘을 아껴 멀리 날아가기 위해서인데, 기러기처럼 형제자매도 서로 힘든 일을 나누며 함께 나아가도록 해요.

표현력 **알맞은 말에 각각 O 하세요.**

'형제이이 행즉안행'은 형제자매는 서로에게 (기쁜 / 슬픈) 존재로, 길을 갈 때는

기러기처럼 (어긋나게 / 나란히) 가라는 뜻이에요.

목요일

침즉연금 식즉동상 寢則連衾 食則同牀

한자의 음과 뜻

잘 **침** | 곧 **즉** | 잇닿을 **연** | 이불 **금**
밥 **식** | 곧 **즉** | 한가지 **동** | 평상 **상**

형제자매는 잠을 잘 때는 이불을 나란히 덮고, 밥을 먹을 때는 한 상에서 먹으라는 뜻이에요. 태어나면서부터 한집에서 함께 놀고, 밥을 먹고, 잠을 자는 사이인 형제자매는 세상에서 제일 좋은 친구이니 서로를 잘 챙기도록 해요.

 어휘력 닮은 꼴 속담으로, O 안에 들어갈 말을 찾으세요.

'피는 물보다 진하다'는 피를 나눈 가족은 그만큼 소중하다는 뜻이에요. 부모님뿐만 아니라 형제자매 역시 한 가족이므로 항상 OO하며 이해하고 서로 양보하는 마음을 갖도록 해요.

① 경쟁   ② 의지

일립지식 필분이식 一粒之食 必分而食

한자의 음과 뜻 한 **일** | 쌀알 **립** | 어조사 **지** | 밥 **식**
반드시 **필** | 나눌 **분** | 말이을 **이** | 먹을 **식**

형제자매는 한 알의 밥알이라도 반드시 나누어 먹어야 한다는 뜻이에요. 형제자매는 한 알의 밥알뿐만 아니라 모든 것을 나누며 살아야 해요. 빵이 하나만 남았다면 형제자매와 나누어 보세요. 맛도 기분도 좋을 거예요.

 오늘 배운 사자소학처럼 행동하는 친구를 찾으세요.

① 형이랑 아이스크림 하나를 가지고 싸우는 필립

② 무서운 놀이기구를 같이 타자고 조르는 슬기

③ 동생이랑 떡볶이를 나누어 먹은 형준

쓰기 능력 키우기

선을 따라 글자를 쓰면서 배운 내용을 익히세요.

- 형은 동생을 사랑하고 아우는 형을 받들며 함부로 원망하거나 화내지 말아야 한다.

형	우	제	공		불	감	원	노

- 형제자매는 생김새는 다르지만 본래 한 핏줄을 받았다.

형	체	수	이		소	수	일	혈

- 형제자매는 서로에게 기쁜 존재로, 길을 갈 때는 기러기처럼 나란히 다녀라.

형	제	이	이		행	즉	안	행

- 형제자매는 잠을 잘 때는 이불을 나란히 덮고, 밥을 먹을 때는 한 상에서 먹어야 한다.

침	즉	연	금		식	즉	동	상

- 형제자매는 한 알의 밥알이라도 반드시 나누어 먹어야 한다.

일	립	지	식		필	분	이	식

쉬어 가는 페이지

사자소학 익히는 알맞은 줄 찾기 게임

뜻에 알맞은 사자소학 풍선을 들고 있는 친구를 모두 찾아 O 하세요.

침측연금
식측동상

형체수이
소수일혈

일립지식
필분이식

형제이이
행즉안행

형우제공
불감원노

형제자매는
서로에게
기쁜 존재로,
길을 갈 때는
기러기처럼
나란히 다녀라.

형제자매는
잠을 잘 때는
이불을 나란히
덮고, 밥을 먹을
때는 한 상에서
먹어야 한다.

형제자매는
생김새는
다르지만 본래
한 핏줄을
받았다.

형은 동생을 사랑
하고 아우는 형을
받들며 함부로
원망하거나
화내지 말아야
한다.

형제자매는
한 알의
밥알이라도
반드시 나누어
먹어야 한다.

월요일 형수책아 막감항노 兄雖責我 莫敢抗怒

한자의 음과 뜻 형 **형** | 비록 **수** | 꾸짖을 **책** | 나 **아**
없을 **막** | 감히 **감** | 겨룰 **항** | 성낼 **노**

형, 오빠, 누나, 언니가 비록 나를 꾸짖더라도 감히 대들거나 화내지 말라는 뜻이에요. 형, 오빠, 누나, 언니는 부모님만큼 나를 사랑하고 걱정해 주는 가족이에요. 나를 꾸짖는 것 또한 나를 생각해서 하는 것이니 화내지 말고 잘 새겨듣도록 해요.

알맞은 말에 각각 O 하세요.

'형수책아 막감항노'는 형이 비록 나를 (놀리 / 꾸짖)더라도 감히 대들거나 (화내지
/ 웃지) 말라는 뜻이에요.

화요일

제수유과 수물성책 弟雖有過 須勿聲責

 한자의 음과 뜻

아우 **제** | 비록 **수** | 있을 **유** | 나무랄 **과**
모름지기 **수** | 말 **물** | 소리 **성** | 꾸짖을 **책**

동생에게 나무랄 것이 있더라도 큰소리로 꾸짖지 말라는 뜻이에요. 동생을 위해서 혼을 내고 싶을 때가 있죠? 하지만 나도 동생과 같은 시간이 있었어요. 동생이 잘못한 점이 있다면 잘 이해할 수 있도록 차근차근 설명해 주도록 해요.

 어휘력 닮은 꼴 속담으로, O 안에 들어갈 말을 찾으세요.

'동생의 말도 들어야 형의 말도 듣는다'는 나이가 많다고 무조건 아랫사람의 말을 대충 듣거나 무시하면 안 된다는 뜻이에요. 나이는 다르더라도 형제자매는 서로를 OO 하는 사이가 되도록 해요.

① 배신   ② 존중

수요일

형제유선 필예우외 兄弟有善 必譽于外

한자의 음과 뜻　형 **형** | 아우 **제** | 있을 **유** | 착할 **선**
반드시 **필** | 기릴 **예** | 어조사 **우** | 바깥 **외**

 형제자매 간에 착한 일이 있으면 반드시 드러내어 칭찬하라는 뜻이에요. 형제자매가 잘하거나 좋은 일을 했다면 질투하기보다는 칭찬해 주도록 해요. 형제자매는 서로 잘되기를 응원하고 좋은 일은 내 일처럼 기뻐해 주는 사이랍니다.

누나, 오늘 운동회 잘해!

응응, 보리도.

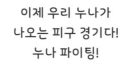

이제 우리 누나가 나오는 피구 경기다! 누나 파이팅!

얍! 얍!

이겼다~~.

누나, 멋져!

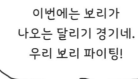

이번에는 보리가 나오는 달리기 경기네. 우리 보리 파이팅!

우다다다~

 독해력 오늘 배운 사자소학처럼 행동하는 친구를 찾으세요.

① 서로의 잘못한 점을 부모님께 이르기 바쁜 소유와 소진

② 서로의 잘한 점을 칭찬하기 바쁜 현진이와 현서

③ 서로의 잘못한 점을 놀리기 바쁜 예서와 예진

목요일 # 형제유난 민이사구 兄弟有難 悶而思救

한자의 음과 뜻 형 **형** | 아우 **제** | 있을 **유** | 어려울 **난**
답답할 **민** | 말이을 **이** | 생각 **사** | 구원할 **구**

형제자매 간에 어려운 일이 있으면 서로 걱정하고 어떻게 도와줄 수 있는지 생각하라는 뜻이에요. 누군가가 어려운 상황에 있다면 도와줘야 하죠? 형제자매도 마찬가지예요. 내가 도와줄 수 있는 부분이 있다면 주저하지 말고 도와주도록 해요.

야호! 신난다!

아얏!

콰앙!

콩아, 괜찮아? 나한테 업혀!

몽이 갑자기 어디서 나타난 거야?

그러게, 몽이 대단하다!

얼마 후

도대체 어떻게 푸는 건지 모르겠어!

나도.

몽아, 어떤 문제가 풀리지 않아?

콩이 갑자기 어디서 나타난 거야?

지난번 눈썰매장에서도 그렇고 콩과 몽은 어려운 상황이 되면 서로를 도와줄 준비가 되어 있는 것 같아.

맞아. 콩과 몽은 형제유난 민이사구를 늘 행하는 친구들이야!

우리도 형제자매 간에 어려운 일이 있으면 서로 걱정하고 어떻게 도와줄 수 있는지 생각하자고!

유자야, 너희 형한테 연락이 왔는데 배고프다고 집에 오는 길에 우유 사 오래.

아, 짜증 나! 형은 맨날 심부름시켜~.

유… 유자야. 형제유난 민이사구….

하하…. 내가 혹시 지금 짜증을 냈을까?

표현력 알맞은 말에 각각 O 하세요.

'형제유난 민이사구'는 형제자매 간에 (어려운 / 좋은) 일이 있으면 서로 걱정하고 어떻게 (비웃을 / 도와줄) 수 있는지 생각하라는 뜻이에요.

금요일 형제화목 부모희지 兄弟和睦 父母喜之

한자의 음과 뜻
형 **형** | 아우 **제** | 화할 **화** | 화목할 **목**
아버지 **부** | 어머니 **모** | 기쁠 **희** | 어조사 **지**

형제자매가 화목하면 부모님이 기뻐하신다는 뜻이에요. '화목하다'는 것은 서로 사이가 좋다는 말로, 형제자매가 사이좋게 지내는 것만큼 부모님에게 큰 효도는 없어요. 우애 있는 형제자매가 되도록 해요.

 어휘력 닮은 꼴 사자성어에 O, 닮지 않은 사자성어에 X 하세요.

(1) 의형의제(宜兄宜弟) 형제간의 우애가 좋음 (　　)

(2) 호형호제(呼兄呼弟) 서로 형 아우라고 부를 만큼 가까운 사이 (　　)

쓰기 능력 키우기

선을 따라 글자를 쓰면서 배운 내용을 익히세요.

• 형, 오빠, 누나, 언니가 비록 나를 꾸짖더라도 감히 대들거나 화내지 말라.

형	수	책	아		막	감	항	노

• 동생에게 나무랄 것이 있더라도 큰소리로 꾸짖지 말라.

제	수	유	과		수	물	성	책

• 형제자매 간에 착한 일이 있으면 반드시 드러내어 칭찬하라.

형	제	유	선		필	예	우	외

• 형제자매 간에 어려운 일이 있으면 서로 걱정하고 어떻게 도와줄 수 있는지 생각하라.

형	제	유	난		민	이	사	구

• 형제자매가 화목하면 부모님이 기뻐하신다.

형	제	화	목		부	모	희	지

사자소학 뜻 찾기

왼쪽 사자소학의 알맞은 뜻을 찾아 줄로 연결하세요.

제수유과
수물성책

· ·

형제자매 간에 어려운 일이 있으면 서로 걱정하고 어떻게 도와줄 수 있는지 생각하라.

형수책아
막감항노

· ·

형제자매 간에 착한 일이 있으면 반드시 드러내어 칭찬하라.

형제유난
민이사구

· ·

형제자매가 화목하면 부모님이 기뻐하신다.

형제화목
부모희지

· ·

형, 오빠, 누나, 언니가 비록 나를 꾸짖더라도 감히 대들거나 화내지 말라.

형제유선
필예우외

· ·

동생에게 나무랄 것이 있더라도 큰 소리로 꾸짖지 말라.

인지재세 불가무우 人之在世 不可無友

한자의 음과 뜻　사람 **인** | 어조사 **지** | 있을 **재** | 인간 **세**
아닐 **불** | 옳을 **가** | 없을 **무** | 벗 **우**

사람이 세상을 살아가는데 친구가 없을 수 없다는 뜻이에요. 세상을 살아가며 사람은 가족 외에 우정을 나눌 친구가 꼭 필요해요. 친구의 숫자가 중요한 게 아니니 마음을 함께 나눌 소중한 친구를 만들도록 해요.

 독해력 **오늘 배운 사자소학처럼 행동하는 친구를 찾으세요.**

① 친구는 필요 없다며 늘 혼자서만 노는 재준

② 딱 한 명의 친구하고만 잘 지내는 예슬

③ 학급 친구들과 사이좋게 지내는 진아

화요일 이문회우 이우보인 以文會友 以友輔仁

 한자의 음과 뜻
써 **이** | 글월 **문** | 모일 **회** | 벗 **우**
써 **이** | 벗 **우** | 도울 **보** | 어질 **인**

글로써 친구를 모으고, 좋은 친구를 통해 자신의 부족한 점을 채우라는 뜻이에요. 책을 좋아하는 친구와 친해져 볼까요? 친구가 추천해 주는 책을 읽기도 하고, 내가 좋아하는 책을 추천하기도 해 봐요. 서로에게 큰 도움이 될 거랍니다.

 독해력 오늘 배운 사자소학처럼 행동하는 친구를 찾으세요.

① 좋은 책을 서로 추천해 주는 경인이와 찬호

② 독후감 베끼는 방법을 성인이에게 배운 은서

③ 슬라임을 좋아하는 예서와 자주 문구점에 가는 기성

수요일 우기정인 아역자정 友其正人 我亦自正

한자의 음과 뜻

벗 우 | 그 기 | 바를 정 | 사람 인
나 아 | 또 역 | 스스로 자 | 바를 정

바르게 행동하는 사람이 친구이면 나 또한 저절로 바르게 된다는 뜻이에요. 친구와 많은 시간을 보내면 서로 닮아 가기 마련이에요. 그렇기 때문에 나쁜 행동을 하는 친구보다 올바르게 행동하는 친구를 사귀도록 해요.

나는 할 일이 있어서 이제 물 밖으로 나갈게.

무슨 일인데?

응, 비치코밍을 하려고.

비치코밍이 뭐야?

비치코밍은 바다에 있는 쓰레기를 줍는 환경 보호 운동이야. 바다에 오면 노는 것도 좋지만 나는 비치코밍을 꼭 하고 가.

우아, 몽아 멋있어!

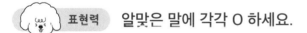 표현력 **알맞은 말에 각각 O 하세요.**

'우기정인 아역자정'은 (바르게 / 나쁘게) 행동하는 사람이 친구이면 나 또한

(억지로 / 저절로) 바르게 된다는 뜻이에요.

종유사인 아역자사 從遊邪人 我亦自邪

> **한자의 음과 뜻** 좇을 **종** | 놀 **유** | 간사할 **사** | 사람 **인**
> 나 **아** | 또 **역** | 스스로 **자** | 간사할 **사**
>
> 간사한 사람을 따라서 놀면 나 또한 저절로 간사해진다는 뜻이에요. 간사한 사람은 자기의 이익을 위하여 나쁜 꾀를 부리는, 마음이 바르지 않은 사람이에요. '우기정인 아역자정'과 반대되는 말이죠. 나쁜 친구가 아닌 바른 친구를 사귀도록 해요.

과학 시험 시간

보리와 라미! 자꾸 왜 손바닥을 보는 거죠? 손바닥을 펴서 선생님께 보여 주세요.

보리와 라미는 커닝했기 때문에 이번 과학 시험은 0점이에요.

간사한 사람을 따라서 놀면 나 또한 저절로 간사해진다는 종유사인 아역자사라고 내 잘못이야.

 어휘력 닮은 꼴 속담으로, O 안에 들어갈 말을 찾으세요.

'친구 따라 강남 간다'는 친구가 가니까 멀고 익숙하지 않은 곳인데도 따라간다는 뜻이에요. 원래 자신은 할 마음이 없었는데 친구가 하니까 OOO 하게 될 때 사용하는데, 친구의 잘못된 행동을 따라 해서는 안 돼요.

① 반대로   ② 덩달아

금요일 근묵자흑 근주자적 近墨者黑 近朱者赤

한자의 음과 뜻
가까울 **근** | 먹 **묵** | 사람 **자** | 검을 **흑**
가까울 **근** | 붉을 **주** | 사람 **자** | 붉을 **적**

옛날 사람들이 글을 쓸 때 사용한 검은 물감을 '먹'이라고 해요. 먹을 가까이하는 사람은 검어지고, 붉은색을 가까이하는 사람은 붉어진다는 뜻이에요. 친구는 서로를 물들이기 때문에 좋은 친구를 사귀어 좋은 영향을 받도록 해요.

레오야, 학교 가야지!

아직 등교 시간 남았잖아. 나는 이거 더 하다 갈 건데 너도 같이하자!

그럴까?

다음 날
어제 레오랑 인형 뽑기 재미있었는데 오늘도 등교 시간이 남았으니 하고 갈까나.

앗, 지각이다! 인형 뽑기에 빠져 있느라….

으악!

뭉식이와 레오 또 지각하면 그때는 정말 크게 혼나요.

죄송합니다….

다음 날
후유, 오늘은 지각하지 않았네. 보리야, 일찍 와서 독서하고 있는 거야?

 어휘력 닮은 꼴 사자성어에 O, 닮지 않은 사자성어에 X 하세요.

(1) 귤화위지(橘化爲枳) 환경에 따라 사람이나 사물의 성질이 변함 （   ）

(2) 막역지우(莫逆之友) 서로 허물이 없는 친구 사이 （   ）

쓰기 능력 키우기

선을 따라 글자를 쓰면서 배운 내용을 익히세요.

- 사람이 세상을 살아가는데 친구가 없을 수 없다.

인	지	재	세		불	가	무	우

- 글로써 친구를 모으고, 좋은 친구를 통해 자신의 부족한 점을 채우라.

이	문	회	우		이	우	보	인

- 바르게 행동하는 사람이 친구이면 나 또한 저절로 바르게 된다.

우	기	정	인		아	역	자	정

- 간사한 사람을 따라서 놀면 나 또한 저절로 간사해진다.

종	유	사	인		아	역	자	사

- 먹을 가까이하는 사람은 검어지고, 붉은색을 가까이하는 사람은 붉어진다.

근	묵	자	흑		근	주	자	적

쉬어 가는 페이지

사자소학 익히는 가로세로 낱말 퍼즐

가로 열쇠

① 바르게 행동하는 사람이 친구이면 나 또한 저절로 바르게 된다.

　○○○○ 아역자정

② 사람이 세상을 살아가는데 친구가 없을 수 없다.

　○○○○ 불가무우

③ 간사한 사람을 따라서 놀면 나 또한 저절로 간사해진다.

　종유사인 ○○○○

세로 열쇠

④ 글로써 친구를 모으고, 좋은 친구를 통해 자신의 부족한 점을 채우라.

　이문회우 ○○○○

⑤ 먹을 가까이 하는 사람은 검어지고, 붉은색을 가까이하는 사람은 붉어진다.

　근묵자흑 ○○○○

75

택이교지 유소보익 擇而交之 有所補益

한자의 음과 뜻
가릴 **택** | 말이을 **이** | 사귈 **교** | 어조사 **지**
있을 **유** | 바 **소** | 도울 **보** | 유익할 **익**

친구를 가려서 사귀면 도움과 유익함이 있다는 뜻이에요. 좋은 친구를 사귀면 친구에게서 배울 점도 많고 도움도 받을 수 있어요. 거꾸로 나도 좋은 사람이 되어 친구에게 도움을 줄 수 있도록 해요.

얘들아, 안녕?

라미야, 어서 와! 여기 와서 같이 책 읽자.

라미야, 나랑 책 쌓기 놀이하자~.

유자랑 노는 게 재미있을 것 같긴 한데, 요즘 책 읽는 것도 좋으니 뭉식이랑 같이 책 읽어야지~.

유자야, 책은 읽는 거지 가지고 노는 게 아니야!

네.

 **독해력** **오늘 배운 사자소학처럼 행동하는 친구를 찾으세요.**

① 민준이의 유혹에 학원을 빼먹고 오락실에 간 대준

② 필요한 게 있을 때마다 친구를 골라서 친한 척하는 인호

③ 운동을 좋아하는 혜선이와 함께 매일 줄넘기해서 건강해진 나연

화요일 # 붕우유과 충고선도 朋友有過 忠告善導

한자의 음과 뜻 벗 **붕** | 벗 **우** | 있을 **유** | 허물 **과**
충성 **충** | 알릴 **고** | 착할 **선** | 이끌 **도**

친구에게 잘못이 있거든 충고하여 좋은 길로 갈 수 있도록 이끌라는 뜻이에요. 친구가 잘못하는 걸 가만히 보고 있다면 좋은 친구라고 할 수 없어요. 좋은 친구라면 반드시 잘못된 점을 말해 주고, 고칠 수 있도록 함께 노력해야 해요.

표현력 **알맞은 말에 각각 O 하세요.**

'붕우유과 충고선도'는 친구에게 (잘못 / 좋음)이 있거든 충고하여 좋은 길로

갈 수 있도록 (밀라 / 이끌라)는 뜻이에요.

수요일 인무책우 이함불의 人無責友 易陷不義

| 한자의 음과 뜻 | 사람 **인** ┃ 없을 **무** ┃ 꾸짖을 **책** ┃ 벗 **우** |
| | 쉬울 **이** ┃ 빠질 **함** ┃ 아닐 **불** ┃ 옳을 **의** |

잘못을 꾸짖어 주는 친구가 없으면 옳지 않은 일에 빠지기 쉽다는 뜻이에요. 바르게 행동하지 않는 친구에게 아무도 잘못된 점을 말해 주지 않는다면 그 행동은 계속될 거예요. 좋은 친구라면 친구의 잘못된 점을 알려 주도록 해요.

 독해력 **오늘 배운 사자소학처럼 행동하는 친구를 찾으세요.**

① 진서의 거짓말을 선생님께 이르는 화요

② 해준이의 잘못된 행동을 무조건 감싸 주는 란희

③ 서진이의 말실수를 따끔하게 지적해 주는 승기

목요일 # 언이불신 비직지우 言而不信 非直之友

> **한자의 음과 뜻** 말씀 언 | 말이을 이 | 아닐 불 | 믿을 신
> 아닐 비 | 곧을 직 | 어조사 지 | 벗 우
>
> 말을 할 때 믿음이 없으면 정직한 친구가 아니라는 뜻이에요. 거짓말을 자주 하는 친구가 있다면 처음에는 그 말을 믿더라도 나중에는 그 친구의 말을 하나도 믿을 수 없게 될 거예요. 진정한 친구 사이라면 진실한 말과 행동을 나누도록 해요.

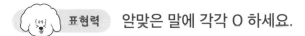 **표현력** 알맞은 말에 각각 O 하세요.

'언이불신 비직지우'는 말을 할 때 믿음이 (있으면 / 없으면) 정직한 친구가

(맞다는 / 아니라는) 뜻이에요.

금요일 견선종지 지과필개 見善從之 知過必改

볼 **견** | 착할 **선** | 좇을 **종** | 어조사 **지**
알 **지** | 허물 **과** | 반드시 **필** | 고칠 **개**

친구의 착한 점을 보면 따르고, 친구의 잘못된 점을 보면 나의 잘못된 점은 없는지 보고 반드시 고치라는 뜻이에요. 친구의 행동은 나의 행동과 많이 닮아 있을 수 있으니 나쁜 것이 닮지는 않았는지 잘 살피도록 해요.

 어휘력 닮은 꼴 속담으로, O 안에 들어갈 말을 찾으세요.

'새도 가지를 가려 앉는다'는 새는 나뭇가지에 앉을 때 아무 가지에나 앉지 않고, 고르고 가려서 앉는다는 뜻이에요. 우리 역시 친구에게 많은 영향을 받으니 친구를 사귈 때는 OOOO 사귀도록 해요.

① 신중하게   ② 마음대로

쓰기 능력 키우기

선을 따라 글자를 쓰면서 배운 내용을 익히세요.

• 친구를 가려서 사귀면 도움과 유익함이 있다.

택	이	교	지		유	소	보	익

• 친구에게 잘못이 있거든 충고하여 좋은 길로 갈 수 있도록 이끌어야 한다.

붕	우	유	과		충	고	선	도

• 잘못을 꾸짖어 주는 친구가 없으면 옳지 않은 일에 빠지기 쉽다.

인	무	책	우		이	함	불	의

• 말을 할 때 믿음이 없으면 정직한 친구가 아니다.

언	이	불	신		비	직	지	우

• 친구의 착한 점을 보면 따르고, 친구의 잘못된 점을 보면 나의 잘못된 점은 없는지 보고 반드시 고치라.

견	선	종	지		지	과	필	개

사자소학 익히는 알맞은 줄 찾기 게임

뜻에 알맞은 사자소학 열기구를 모두 찾아 O 하세요.

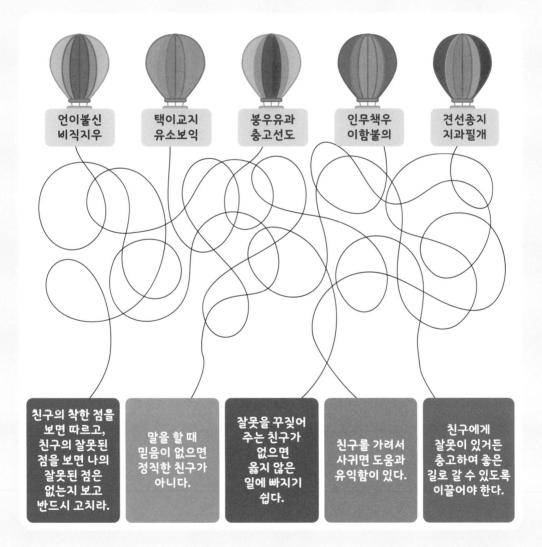

언이불신
비직지우

택이교지
유소보익

붕우유과
충고선도

인무책우
이함불의

견선종지
지과필개

친구의 착한 점을
보면 따르고,
친구의 잘못된
점을 보면 나의
잘못된 점은
없는지 보고
반드시 고치라.

말을 할 때
믿음이 없으면
정직한 친구가
아니다.

잘못을 꾸짖어
주는 친구가
없으면
옳지 않은
일에 빠지기
쉽다.

친구를 가려서
사귀면 도움과
유익함이 있다.

친구에게
잘못이 있거든
충고하여 좋은
길로 갈 수 있도록
이끌어야 한다.

사사여친 필공필경 事師如親 必恭必敬

한자의 음과 뜻
섬길 **사** | 스승 **사** | 같을 **여** | 어버이 **친**
반드시 **필** | 공손할 **공** | 반드시 **필** | 공경 **경**

선생님을 부모님과 같이 섬기고, 반드시 공손하고 반드시 공경하라는 뜻이에요. 선생님은 학교에서 부모님처럼 나를 사랑하고 옳은 길로 이끌어 주시는 분이에요. 선생님을 대할 때는 예의 바르게 행동하도록 해요.

올해 여러분과
함께하게 된
담임 선생님이에요.
잘 부탁해요!

새 학기

네네,
사사여친 필공필경이죠!

고마워요.

뭉식이 여친이
뭐가 어떻다는 거야?

그게 아니라 사사여친 필공필경은
선생님을 부모님과 같이 섬기고,
공손하고 공경하라는 뜻이야.

아니, 선생님은
부모님이 아니잖아!
어떻게 같아?

맙소사!

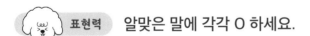

'사사여친 필공필경'은 선생님을 부모님과 (같이 / 다르게) 섬기고, 반드시

(버릇없고 / 공손하고) 반드시 공경하라는 뜻이에요.

선생시교 제자시칙 先生施教 弟子是則

한자의 음과 뜻 먼저 **선** | 날 **생** | 베풀 **시** | 가르칠 **교**
아우 **제** | 아들 **자** | 이 **시** | 본받을 **칙**

선생님이 가르침을 베푸시거든 제자는 이것을 본받으라는 뜻이에요. 선생님은 우리가 훌륭한 사람이 될 수 있도록 가르쳐 주시는 분이에요. 그러니 선생님의 가르침을 잘 배우고 따르도록 해요.

오늘 체육 시간에는 뜀틀을 할 거예요. 그 전에 준비 운동을 하도록 해요.

라미야, 왜 준비 운동 안 해?

귀찮아. 나는 그냥 뜀틀 할 때나 움직일래.

자, 이제 준비 운동을 마쳤으니 순서대로 뜀틀을 넘어 볼까요? 먼저 보리!

네!

 어휘력 닮은 꼴 사자성어에 O, 닮지 않은 사자성어에 X 하세요.

(1) 교언영색(巧言令色) 교묘한 말과 꾸민 얼굴빛 (　　)

(2) 사자상승(師資相承) 스승이 제자에게 학문을 이어 전함 (　　)

수요일 근면공부 부모열지 勤勉工夫 父母悅之

한자의 음과 뜻
부지런할 **근** | 힘쓸 **면** | 장인 **공** | 지아비 **부**
아버지 **부** | 어머니 **모** | 기쁠 **열** | 어조사 **지**

공부에 부지런히 힘쓰면 부모님께서 기뻐하신다는 뜻이에요. 공부는 꿈을 이루기 위해 학생이 꼭 해야 하는 일이에요. 자신을 위해 열심히 공부한다면 부모님도 선생님도 모두 기뻐하실 거예요.

이 책 너무 재미있는걸!

레오야, 책 읽으면서 간식 먹으렴.

아빠, 감사합니다!

잠시 후
이 부분은 잘 모르겠으니 내일 학교에 가서 선생님께 물어봐야지!

레오야, 공부하면서 간식 먹으렴.

엄마, 저 아까 아빠가 주신 간식 먹어서 배불러요. 이건 먹지 않아도 돼요. 죄송해요. 엄마, 아빠 드세요.

표현력 **알맞은 말에 각각 O 하세요.**

'근면공부 부모열지'는 공부에 (부지런히 / 느긋하게) 힘쓰면 부모님께서

(기뻐하신다는 / 화내신다는) 뜻이에요.

목요일

능지능행 총시사공 能知能行 總是師功

 한자의 음과 뜻
능할 **능** | 알 **지** | 능할 **능** | 행할 **행**
다 **총** | 이 **시** | 스승 **사** | 공 **공**

알 수 있고 행할 수 있는 것은 모두 선생님의 공이라는 뜻이에요. 우리는 살아가며 부모님과 친구에게 많은 걸 배워요. 또한, 우리는 학생이기에 학교에서는 선생님께 많은 걸 배우고 있죠. 늘 우리를 위해 애쓰시는 선생님께 감사하도록 해요.

라미야, 싸우지 않고 동생과 과자를 나누어 먹는 모습이 정말 보기 좋구나.

오늘 선생님께 형제자매는 한 알의 밥알이라도 반드시 나누어 먹어야 한다는 일립지식 필분이식에 대해 배웠거든요.

역시 능지능행 총시사공이라고 알 수 있고 행할 수 있는 것은 모두 스승의 공이구나.

우아, 아빠에게서도 사자소학을 하나 배웠어요!

 어휘력 닮은 꼴 속담으로, O 안에 들어갈 말을 찾으세요.

'부모의 은덕은 낳아서 기른 은덕이요, 스승의 은덕은 가르쳐 사람 만든 은덕이라'는 훌륭한 사람이 되라고 가르쳐 준 선생님의 은혜도 부모님 못지않게 중요하다는 뜻이에요. 부모님처럼 선생님께도 늘 OO하는 마음을 갖도록 해요.

① 존경   ② 무시

비이자지 유사교지 非爾自知 惟師敎之

 한자의 음과 뜻

아닐 **비** | 너 **이** | 스스로 **자** | 알 **지**
오직 **유** | 스승 **사** | 가르칠 **교** | 어조사 **지**

너 스스로 알지 않은 것은 오직 스승이 가르친 것이라는 뜻이에요. 우리가 많은 지식을 알고 있는 건 우리가 스스로 터득한 것보다 선생님이 매일 열심히 준비하시는 수업과 가르침 때문이라는 걸 잊지 말아요.

 독해력 오늘 배운 사자소학처럼 행동하는 친구를 찾으세요.

① 자신이 운동을 잘하는 이유는 오직 자신의 노력 때문이라고 말하는 대종

② 수업 시간에 졸다가 선생님께 혼나자, 선생님을 원망하는 수인

③ 자신이 공부를 잘하는 이유를 늘 선생님의 가르침 때문이라고 말하는 예림

쓰기 능력 키우기

선을 따라 글자를 쓰면서 배운 내용을 익히세요.

• 선생님을 부모님과 같이 섬기고, 반드시 공손하고 반드시 공경하라.

사	사	여	친		필	공	필	경

• 선생님이 가르침을 베푸시거든 제자는 이것을 본받으라.

선	생	시	교		제	자	시	칙

• 공부에 부지런히 힘쓰면 부모님께서 기뻐하신다.

근	면	공	부		부	모	열	지

• 알 수 있고 행할 수 있는 것은 모두 선생님의 공이다.

능	지	능	행		총	시	사	공

• 너 스스로 알지 않은 것은 오직 스승이 가르친 것이다.

비	이	자	지		유	사	교	지

사자소학 뜻 찾기

왼쪽 사자소학의 알맞은 뜻을 찾아 줄로 연결하세요.

근면공부 부모열지	·	·	너 스스로 알지 않은 것은 오직 스승이 가르친 것이다.
비이자지 유사교지	·	·	선생님을 부모님과 같이 섬기고, 반드시 공손하고 반드시 공경하라.
사사여친 필공필경	·	·	알 수 있고 행할 수 있는 것은 모두 선생님의 공이다.
능지능행 총시사공	·	·	선생님이 가르침을 베푸시거든 제자는 이것을 본받으라.
선생시교 제자시칙	·	·	공부에 부지런히 힘쓰면 부모님께서 기뻐하신다.

월요일 장자자유 유자경장長者慈幼 幼者敬長

한자의 음과 뜻   어른 **장** | 사람 **자** | 사랑 **자** | 어릴 **유**
어릴 **유** | 사람 **자** | 공경 **경** | 어른 **장**

어른은 어린이를 사랑하고, 어린이는 어른을 공경하라는 뜻이에요. 사람은 나이와 상관없이 서로를 소중하게 대해야 좋은 관계를 유지할 수 있어요. 어른이라면 어린이를 존중하고, 어린이는 어른에게 예의를 갖추어야 해요.

 독해력 **오늘 배운 사자소학처럼 행동하는 친구를 찾으세요.**

① 동네에서 어른에게 인사 잘하기로 소문난 모세

② 어른에게 인사하기 귀찮아서 모자를 푹 눌러 쓰고 다니는 태호

③ 지하철에서 어른에게 자리를 양보하기 싫어 눈을 감고 가는 세아

화요일

장자지전 진퇴필공 長者之前 進退必恭

한자의 음과 뜻 어른 **장** | 사람 **자** | 어조사 **지** | 앞 **전**
나아갈 **진** | 물러날 **퇴** | 반드시 **필** | 공손할 **공**

어른 앞에서는 나아가고 물러날 때 반드시 공손히 하라는 뜻이에요. 어른이 나에게 말과 행동을 함부로 한다면 기분이 어떨까요? 반대로 우리도 어른이 앞에 계시다면 말과 행동을 공손히 하도록 해요.

보리의 브이로그입니다! 자, 오늘은 저희 집을 소개해 드릴게요.

현관문을 열면 다른 집과 마찬가지로 신발장이 있습니다.

그리고 집에 들어서면 거실이 나오는데요. 지금 부모님 손님이 와 계시네요. 인사는 이따 드려도 되겠죠?

후 다 다 닥

여기는 제 방입니다. 책상 위에 공부했던 흔적이 있네요. 헤헤.

마지막으로 다시 집 앞으로 나가 오늘의 브이로그를 마치겠습니다~.

![표현력 icon] **표현력** 알맞은 말에 각각 O 하세요.

'장자지전 진퇴필공'은 어른 (앞 / 뒤)에서는 나아가고 물러날 때 (반드시 /
어쩌다) 공손히 하라는 뜻이에요.

연장이배 부이사지 年長以倍 父以事之

한자의 음과 뜻 나이 **연** | 많을 **장** | 써 **이** | 갑절 **배**
아버지 **부** | 써 **이** | 섬기다 **사** | 어조사 **지**

나이가 자신보다 2배 이상 많으면 부모님을 섬기듯이 예의를 갖추어 대하라는 뜻이에요. 나의 부모님이 아니라도 어른을 만난다면 부모님처럼 예의를 갖춰 공경하도록 해요. 어른은 부모님처럼 인생의 스승이시랍니다.

 어휘력 닮은 꼴 속담으로, ○ 안에 들어갈 말을 찾으세요.

'나라 상감님도 늙은이 대접은 한다'에서 '상감'은 임금의 높임말로, 임금도 노인에게
는 예절을 갖추고 대접한다는 뜻이에요. 모든 사람은 어른을 공경해야 하고, 어른을
공경하는 어린이는 마음이 훌륭할 수밖에 없으니 늘 주변의 어른들에게 ○○○○ 행
동하도록 해요.

① 예의 있게   ② 버릇없게

목요일 아경인친 인경아친 我敬人親 人敬我親

한자의 음과 뜻
나 **아** | 공경 **경** | 사람 **인** | 어버이 **친**
사람 **인** | 공경 **경** | 나 **아** | 어버이 **친**

내가 다른 사람의 부모님을 공경하면, 다른 사람도 내 부모님을 공경한다는 뜻이에요. 다른 사람의 부모님을 보면 가장 먼저 인사를 잘하도록 해요. 인사는 공경의 마음을 표현하는 말과 행동으로, 예절의 기본이며 시작이에요.

나는 초콜릿을 사야지!

레오야, 우리 키 크기 위해 우유 사러 온 거잖아.

응, 그런데 마음이 바뀌었어! 난 초콜릿 살래.

못살아~. 그러면 나만 우유 산다!

앗, 지금 계산하는 분, 우리 아빠다!

레오야, 우리 아빠한테 인사… 어? 레오가 어디 갔지?

초콜릿 산다고 하면 유자 아빠가 뭐라고 하셨을 거야. 혼나기 싫으니 도망쳐야지~.

 독해력 **오늘 배운 사자소학처럼 행동하는 친구를 찾으세요.**

① 예슬이 아빠가 무서워 매일 피해 다니는 경태

② 길에서 서람이의 아빠를 만나 공손하게 인사한 사랑

③ 택수 엄마에게 반말로 인사한 효식

금요일 빈객래방 접대필성 _{賓客來訪 接待必誠}

한자의 음과 뜻　손 **빈** | 손 **객** | 올 **래** | 찾을 **방**
사귈 **접** | 기다릴 **대** | 반드시 **필** | 정성 **성**

손님이 찾아오면 반드시 정성스럽게 접대하라는 뜻이에요. 친구네 집에 놀러 갔는데 친구가 본체만체한다면 얼마나 섭섭할까요. 손님은 우리 집을 찾아온 소중한 사람이에요. 예의를 갖춰 대하도록 해요.

알맞은 말에 각각 O 하세요.

'빈객래방 접대필성'은 손님이 (돌아가면 / 찾아오면) 반드시 정성스럽게

(푸대접하라는 / 접대하라는) 뜻이에요.

쓰기 능력 키우기

선을 따라 글자를 쓰면서 배운 내용을 익히세요.

- 어른은 어린이를 사랑하고, 어린이는 어른을 공경하라.

장	자	자	유		유	자	경	장

- 어른 앞에서는 나아가고 물러날 때 반드시 공손히 하라.

장	자	지	전		진	퇴	필	공

- 나이가 자신보다 2배 이상 많으면 부모님을 섬기듯이 예의를 갖추어 대하라.

연	장	이	배		부	이	사	지

- 내가 다른 사람의 부모님을 공경하면, 다른 사람도 내 부모님을 공경한다.

아	경	인	친		인	경	아	친

- 손님이 찾아오면 반드시 정성스럽게 접대하라.

빈	객	래	방		접	대	필	성

사자소학 익히는 가로세로 낱말 퍼즐

가로 열쇠

① 내가 다른 사람의 부모님을 공경하면, 다른 사람도
내 부모님을 공경한다.

○○○○ 인경아친

② 어른 앞에서는 나아가고 물러날 때 반드시 공손히 하라.

○○○○ 진퇴필공

③ 손님이 찾아오면 반드시 정성스럽게 접대하라.

○○○○ 접대필성

세로 열쇠

④ 어른은 어린이를 사랑하고, 어린이는 어른을 공경하라.

장자자유 ○○○○

⑤ 나이가 자신보다 2배 이상 많으면 부모님을 섬기듯이
예의를 갖추어 대하라.

연장이배 ○○○○

월요일 　행필정직 언즉신실 行必正直 言則信實

한자의 음과 뜻 행할 **행** | 반드시 **필** | 바를 **정** | 곧을 **직**
말씀 **언** | 곧 **즉** | 믿을 **신** | 진실로 **실**

 행동은 반드시 바르고 곧게 하고, 말은 믿음을 담아 진실하게 하라는 뜻이에요. 내가 하는 행동과 말은 나를 보여 주는 것들이에요. 내가 하는 행동과 말이 바르고 성실하다면 다른 사람에게 믿음을 주는 사람이 될 거예요.

 독해력 오늘 배운 사자소학처럼 행동하는 친구를 찾으세요.

① 배가 아프다는 거짓말을 해서 숙제를 하지 않은 학철

② 청소를 도와주겠다고 말하고는 도망가 버린 민식

③ 친구들에게 말과 행동에 믿음을 주어 회장이 된 린아

화요일 # 용모단정 의관정제 容貌端正 衣冠整齊

> **한자의 음과 뜻**
> 얼굴 **용** | 얼굴 **모** | 바를 **단** | 바를 **정**
> 옷 **의** | 갓 **관** | 가지런할 **정** | 가지런할 **제**

용모를 단정하게 하고, 의관을 바르고 가지런하게 하라는 뜻이에요. '용모'는 사람의 얼굴이고, '의관'은 옷차림이에요. 만약 얼굴도 옷차림도 엉망이라면 스스로 보기에도 좋지 않을뿐더러 다른 사람에게 믿음을 줄 수 없을 거예요.

내일은 학교를 소개하는 영상을 찍을 거예요. 출연하고 싶은 친구들은 오디션을 준비해 와요.

오디션 준비

내일 오디션 보고 싶은데 뭘 준비해야 하지?

외모를 단정하게 하고 학교 소개말을 준비해서 오면 될 것 같아.

나는 외모야 그대로도 출중하니 학교 소개말만 준비해 와야지~.

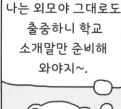

다음 날

자, 이제 오디션을 시작할게요. 뭉식이부터 나와서 해 볼까요?

학교 소개 오디션

우리 학교는 나무도 많고 꽃도 많은 아름다운 학교입니다.

멀
끔

우리 학교는 많은 책을 갖춘 도서관이 있으며 오케스트라로도 유명합니다.

꾀
죄
죄

![표현력] 알맞은 말에 각각 O 하세요.

'용모단정 의관정제'는 용모를 (단정하게 / 엉망진창으로) 하고, 의관을

(삐뚤고 / 바르고) 가지런하게 하라는 뜻이에요.

작사모시 출언고행 作事謀始 出言顧行

한자의 음과 뜻　지을 **작** | 일 **사** | 꾀할 **모** | 처음 **시**
날 **출** | 말씀 **언** | 돌아볼 **고** | 갈 **행**

일을 시작할 때는 잘 계획하고, 말을 할 때는 행동을 돌아봐야 한다는 뜻이에요. 그림을 그릴 때 스케치부터 잘 계획한다면 색칠까지 멋진 작품이 만들어질 것이고, 내가 실천할 수 있는 말만 한다면 멋진 사람이 될 거예요.

 어휘력 **닮은 꼴 사자성어에 O, 닮지 않은 사자성어에 X 하세요.**

(1) 백년지계(百年之計) 먼 앞날까지 미리 내다보고 세우는 계획 (　　)

(2) 백년하청(百年河淸) 아무리 오랜 시일이 지나도 어떤 일이 이루어지기 어려움 (　　)

목요일 # 음식신절 언어공손 飲食愼節 言語恭遜

한자의 음과 뜻 마실 **음** | 밥 **식** | 삼갈 **신** | 마디 **절**
말씀 **언** | 말씀 **어** | 공손할 **공** | 겸손할 **손**

 먹고 마실 때는 양을 알맞게 조절하고, 말을 할 때는 공손히 해야 한다는 뜻이에요. 먹고 싶은 음식의 양을 조절하지 못한다면 분명 배탈이 날 거예요. 마찬가지로 말도 조절하지 못한다면 다른 사람에게 상처를 줄 수 있어요.

오늘은 어린이날이니 콩과 몽이 하고 싶은 걸 마음껏 하렴. 단, 신중하게 결정했으면 해.

네! 전 초콜릿을 마음껏 먹고 싶어요.

전 유튜브 라이브 방송을 하고 싶어요.

좋아. 하지만 둘 다 본인이 하고 싶은 일에 책임을 져야 해.

잠시 후

내가 좋아하는 초콜릿을 이렇게 마음껏 먹을 수 있다니 너무 행복해.

여러분과 대화하고 싶어서 라이브를 켰습니다! 3학년인데 키가 120cm라 고민이라고요? 그 정도면 1학년 아닌가요?

걱정이네….

다음 날

아아…. 엄마,
저 이가 너무 아파요.

으으으

엄마, 제가 어제 유튜브 라이브 방송을
하다가 말실수를 한 것 같아요….

흐엉엉

얘들아, 음식신절 언어공손이라고 먹고
마실 때는 양을 알맞게 조절하고, 말을 할 때는
공손히 해야 하는 거야. 이제 자기가 하고 싶은
일이라고 무조건 해서는 안 된다는 걸 알았지?

네.

콩은 엄마와 치과에 가고,
몽은 유튜브에 사과 영상을
올리는 게 좋겠어.

무시무시한
치과라니!

빨리 사과
영상을 찍자….

 독해력 오늘 배운 사자소학처럼 행동하는 친구를 찾으세요.

① 빵을 먹고 싶은 만큼 실컷 먹어서 배탈이 난 수호

② 배가 매우 고팠지만, 음식을 적당히 먹은 정화

③ 하고 싶은 말을 아무렇게나 해서 친구들에게 오해를 산 새로

금요일 # 수신제가 치국지본 修身齊家 治國之本

한자의 음과 뜻 닦을 **수** | 몸 **신** | 가지런할 **제** | 집 **가**
다스릴 **치** | 나라 **국** | 어조사 **지** | 근본 **본**

 몸을 닦고 집안을 가지런히 하는 것은 나라를 다스리는 근본이라는 뜻이에요. 모든 일의 출발은 자기 자신을 잘 다스리는 것부터 시작해요. 몸도 깨끗히 하고, 정리도 잘하는 사람이라면 무슨 일이든지 잘해낼 수 있다는 걸 잊지 말아요!

오빠, 빨리 나와!
나 화장실 급해~.

화장실

응, 거의
다 했어!

후다닥

정리중

오빠는 씻고,
방 정리하는 거
귀찮지 않아?
난 귀찮던데~.

수신제가 치국지본이라고
자기 몸을 닦고 집안을 가지런히
하는 것이 나라를 다스리는
근본이라고 했어.

 어휘력 닮은 꼴 속담으로, O 안에 들어갈 말을 찾으세요.

'될성부른 나무는 떡잎부터 안다'는 자라서 크게 될 사람은 어릴 때부터 그 모습이 보인다는 말이에요. 어릴 때부터 정리도 잘하고 공부도 열심히 하는 친구는 어른이 되어서도 훌륭한 사람이 되고, 어릴 때부터 OOOO 공부도 하지 않는다면 훌륭한 사람이 될 수 없어요.

① 성실하고   ② 게으르고

쓰기 능력 키우기

선을 따라 글자를 쓰면서 배운 내용을 익히세요.

- 행동은 반드시 바르고 곧게 하고, 말은 믿음을 담아 진실하게 하라.

행	필	정	직		언	즉	신	실

- 용모를 단정하게 하고, 의관을 바르고 가지런하게 하라.

용	모	단	정		의	관	정	제

- 일을 시작할 때는 잘 계획하고, 말을 할 때는 행동을 돌아봐야 한다.

작	사	모	시		출	언	고	행

- 먹고 마실 때는 양을 알맞게 조절하고, 말을 할 때는 공손히 해야 한다.

음	식	신	절		언	어	공	손

- 몸을 닦고 집안을 가지런히 하는 것은 나라를 다스리는 근본이다.

수	신	제	가		치	국	지	본

쉬어 가는 페이지

사자소학 익히는 알맞은 줄 찾기 게임

뜻에 알맞은 사자소학 낙하산을 모두 찾아 O 하세요.

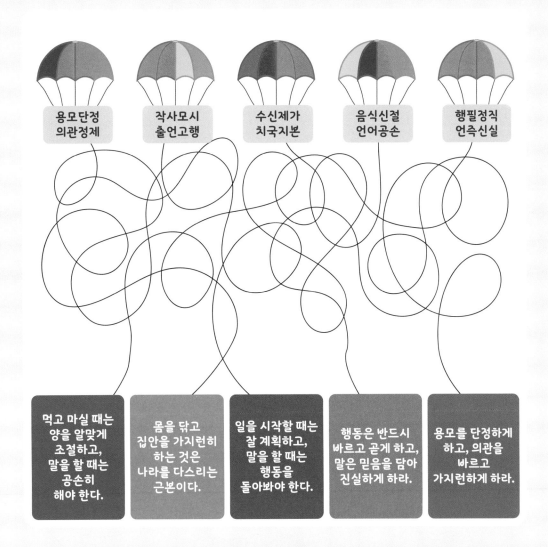

용모단정
의관정제

작사모시
출언고행

수신제가
치국지본

음식신절
언어공손

행필정직
언즉신실

먹고 마실 때는
양을 알맞게
조절하고,
말을 할 때는
공손히
해야 한다.

몸을 닦고
집안을 가지런히
하는 것은
나라를 다스리는
근본이다.

일을 시작할 때는
잘 계획하고,
말을 할 때는
행동을
돌아봐야 한다.

행동은 반드시
바르고 곧게 하고,
말은 믿음을 담아
진실하게 하라.

용모를 단정하게
하고, 의관을
바르고
가지런하게 하라.

독서근검 기가지본 讀書勤儉 起家之本

 한자의 음과 뜻　읽을 **독** | 글 **서** | 부지런할 **근** | 검소할 **검**
일어날 **기** | 집 **가** | 어조사 **지** | 근본 **본**

 글을 읽으며 부지런하고 검소한 것은 집안을 일으키는 근본이라는 뜻이에요. 공부를 하지 않고 부모님이 주신 용돈을 아무렇게나 쓴다면 훌륭한 사람이 되지 못할 거예요. 게다가 가족도 행복하지 못하겠죠? 공부도 열심히 하고, 돈도 아껴 쓰는 사람이 되도록 해요.

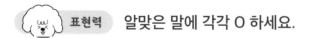 **표현력** **알맞은 말에 각각 O 하세요.**

'독서근검 기가지본'은 글을 읽으며 부지런하고 (검소한 / 사치스러운) 것은

집안을 (망가뜨리는 / 일으키는) 근본이라는 뜻이에요.

화요일 막담타단 미시기장 莫談他短 靡恃己長

한자의 음과 뜻
말 **막** | 말씀 **담** | 다를 **타** | 짧을 **단**
말 **미** | 믿을 **시** | 자기 **기** | 길 **장**

다른 사람의 단점을 말하지 말고, 자신의 장점을 믿지 말라는 뜻이에요. 자신에 대해서는 잘난 척만 하고, 다른 사람에 대해서는 지적만 하는 사람, 어떤가요? 좋은 사람이라면 겸손하고, 다른 사람을 칭찬해 줄 수 있어야 해요.

미안해, 뭉식아.

유자야, 늘 약속 시간에 지각하는 건 큰 단점이야. 나를 봐. 내가 지각하는 거 봤어?

아니, 정말 미안해. 지난번에도 그렇고 오늘도 버스가 너무 늦게 왔어.

그건 핑계야. 나처럼 약속 시간을 칼같이 지키는 건 큰 장점이지.

뭉식아, 내가 너무 미안하니 아이스크림 사 줄게.

그래, 그럼!

![poodle icon] **표현력** **알맞은 말에 각각 O 하세요.**

'막담타단 미시기장'은 다른 사람의 단점을 (말하고 / 말하지 말고), 자신의 장점을 (믿으라는 / 믿지 말라는) 뜻이에요.

기소불욕 물시어인 己所不欲 勿施於人

> **한자의 음과 뜻** 자기 **기** | 바 **소** | 아닐 **불** | 하고자 할 **욕**
> 말 **물** | 베풀 **시** | 어조사 **어** | 사람 **인**
>
> 자기가 하기 싫은 일은 다른 사람에게도 하게 해서는 안 된다는 뜻이에요. 만약 다른 사람이 하기 싫은 일을 내게 준다면 좋을까요? 내가 하기 싫은 일은 다른 사람도 하기 싫은 일이에요. 그리고 내가 맡은 일은 끝까지 내가 책임져야 해요.

 어휘력 닮은 꼴 사자성어에 O, 닮지 않은 사자성어에 X 하세요.

(1) 전임책성(專任責成) 오로지 남에게 맡겨서 책임을 지게 함 （　　）

(2) 결자해지(結者解之) 자기가 저지른 일은 자기가 해결하여야 함 （　　）

적선지가 필유여경 積善之家 必有餘慶

한자의 음과 뜻 쌓을 **적** | 착할 **선** | 어조사 **지** | 집 **가**
반드시 **필** | 있을 **유** | 남을 **여** | 경사 **경**

착한 일을 많이 쌓은 집에는 반드시 경사가 생긴다는 뜻이에요. '경사'는 축하할 만한 기쁜 일이에요. 착한 친구를 보면 친구 부모님도 좋은 일을 많이 하시는 분들이며, 행복한 가족일 거예요. 착한 일을 한다는 건 그만큼 큰 힘이랍니다.

얘들아, 엄마 왔다!

안녕히 다녀오셨어요!

얘들아, 엄마가 오늘 집에 오다가 콩과 몽에 대한 좋은 이야기를 많이 들었네.

어떤 이야기요?

오늘 낮에 콩은 길에서 할머니의 짐을 들어 드리고, 몽은 자전거에서 넘어진 세탁소 아저씨를 도와드렸다며.

할머니, 제가 도와드릴게요!

아저씨, 괜찮으세요?

 독해력 오늘 배운 사자소학처럼 행동하는 친구를 찾으세요.

① 형과 매일 싸워서 부모님께 혼나는 하랑

② 동생이 친구랑 싸웠다고 동생 친구를 혼낸 성호

③ 가족 모두 봉사를 많이 해서 봉사상을 받은 주호

금요일 의사필문 분사필난 疑思必問 忿思必難

한자의 음과 뜻 의심할 **의** | 생각 **사** | 반드시 **필** | 물을 **문**
성낼 **분** | 생각 **사** | 반드시 **필** | 어려울 **난**

의심스러운 생각이 들면 반드시 묻고, 화가 나면 반드시 어려워질 것을 생각하라는 뜻이에요. 공부든 무엇이든 궁금증이 생기면 참기보다는 질문을 해서 해답을 찾아야 해요. 그리고 화가 난다면 우선 참고 지혜롭게 해결할 방법을 생각하도록 해요.

아까 학교에서 먹지 못했던 빵 먹어야지~.

이게 뭐야! 이거 내 가방이 아니잖아!

그러고 보니 아까 학교에서 라미가 내 가방을 가져간 것 같기도 하고.

나 빨리 집에 가야 해서 먼저 간다~.

어, 어 안녕 라미야~.

라미야, 내일 봐!

그래도 확실하게 확인을 해야지.

 어휘력 닮은 꼴 속담으로, O 안에 들어갈 말을 찾으세요.

'돌다리도 두들겨 보고 건너라'는 단단한 돌다리라 해도 안전한지 두들겨 보는 지혜가 필요하다는 말이에요. 아무리 잘 아는 일이라도 OOOO 확인하고 나중에 생길 일도 생각하도록 해요.

① 꼼꼼하게　　　② 대충대충

쓰기 능력 키우기

선을 따라 글자를 쓰면서 배운 내용을 익히세요.

- 글을 읽으며 부지런하고 검소한 것은 집안을 일으키는 근본이다.

| 독 | 서 | 근 | 검 | | 기 | 가 | 지 | 본 |

- 다른 사람의 단점을 말하지 말고, 자신의 장점을 믿지 말라.

| 막 | 담 | 타 | 단 | | 미 | 시 | 기 | 장 |

- 자기가 하기 싫은 일은 다른 사람에게도 하게 해서는 안 된다.

| 기 | 소 | 불 | 욕 | | 물 | 시 | 어 | 인 |

- 착한 일을 많이 쌓은 집에는 반드시 경사가 생긴다.

| 적 | 선 | 지 | 가 | | 필 | 유 | 여 | 경 |

- 의심스러운 생각이 들면 반드시 묻고, 화가 나면 반드시 어려워질 것을 생각하라.

| 의 | 사 | 필 | 문 | | 분 | 사 | 필 | 난 |

사자소학 뜻 찾기

왼쪽 사자소학의 알맞은 뜻을 찾아 줄로 연결하세요.

독서근검
기가지본

· ·

글을 읽으며 부지런하고 검소한 것은 집안을 일으키는 근본이다.

기소불욕
물시어인

· ·

다른 사람의 단점을 말하지 말고, 자신의 장점을 믿지 말라.

의사필문
분사필난

· ·

자기가 하기 싫은 일은 다른 사람에게도 하게 해서는 안 된다.

막담타단
미시기장

· ·

착한 일을 많이 쌓은 집에는 반드시 경사가 생긴다.

적선지가
필유여경

· ·

의심스러운 생각이 들면 반드시 묻고, 화가 나면 반드시 어려워질 것을 생각하라.

놀면서 배우는
초등 필수 사자소학

초판 1쇄 발행 2023년 6월 1일

감수 하유정
지은이 초등국어연구소
그린이 유희수
펴낸이 민혜영
펴낸곳 (주)카시오페아 출판사
주소 서울시 마포구 월드컵북로 402 KGIT센터 9층 906호
전화 02-303-5580 | **팩스** 02-2179-8768
홈페이지 www.cassiopeiabook.com | **전자우편** editor@cassiopeiabook.com
출판등록 2012년 12월 27일 제2014-000277호
외주디자인 산타클로스
편집1 최희윤, 윤나라 | **편집2** 최형욱, 양다은, 최설란
마케팅 신혜진, 이애주, 이서우, 조효진 | **경영관리** 장은옥

ISBN 979-11-6827-116-6 63710